T0047710

# LAROUSSE
# *Cenas* EXPRÉS

CAMILLE DEPRAZ + FABRICE BESSE
ESTILISMO DE AUDE ROYER

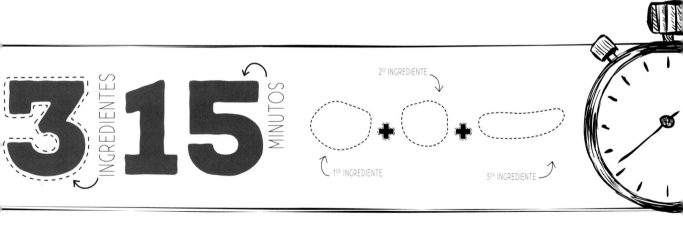

3 INGREDIENTES · 15 MINUTOS

2º INGREDIENTE
1ER INGREDIENTE · 3ER INGREDIENTE

LAROUSSE

# Sumario

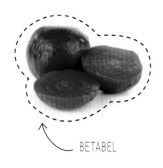

BETABEL

AGUACATE

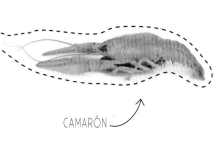

CAMARÓN

## PLATOS FUERTES

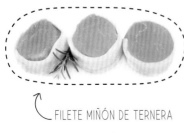

FILETE MIÑÓN DE TERNERA

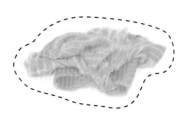

TRUCHA AHUMADA

# Continuación
## DE SUMARIO

SANDÍA

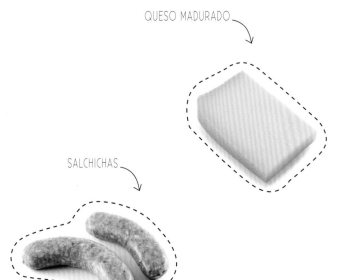

QUESO MADURADO

SALCHICHAS

## POSTRES

QUESO RICOTTA

CHOCOLATE CON LECHE

SOLETAS

# INTRO DUC CIÓN

# Ideas para prepar cenas exprés
## ¡con 3 ingredientes y en 15 minutos!

Algunos consejos:

ORGANICE SU TIEMPO

1. *Haga un menú*

   Si lo que desea es evitar ir de compras tres veces a la semana; regresar a casa del trabajo cargando bolsas del mandado; o bien, darse cuenta al último momento de que le hace falta un ingrediente para preparar su receta, la solución más efectiva es prever un menú semanal. De esta forma podrá hacer una lista de compras para realizar el fin de semana y pasar con tranquilidad el resto de la semana.

   Tome en cuenta sus actividades semanales, así como las de sus hijos o pareja. Por ejemplo, si algún día acude al gimnasio después del trabajo, planee una cena súper rápida.

2. *Haga una lista de compras*

   Antes de agregar a la lista todos los ingredientes que requiere para preparar su menú verifique:

   - Los ingredientes en su alacena y refrigerador: condimentos, aceites, vinagres, crema, leche, huevos, azúcar, harina, té, café, especias, etcétera.
   - Alimentos congelados obligatorios: hierbas frescas, vegetales, frutas, helados, etcétera.

UTILICE SU CONGELADOR

Congele los sobrantes de sopas y guisados. Compre hierbas, frutas y verduras congeladas, las cuales no es necesario pelar ni desinfectar, y en ocasiones ya vienen cortadas; con ellas podrá preparar rápidamente sopas, salteados y postres.

DE LA VISTA NACE EL AMOR

Tome en cuenta la presentación de sus platillos. Esto es importante para abrir el apetito y para disfrutar del trabajo realizado.

Compre cortadores para galletas, moldes, pinzas, jeringas y vasos individuales de vidrio; deje volar su imaginación.

Le aconsejamos que:

- Utilice aros o moldes para presentar acompañamientos como arroz, sémolas o verduras.
- Sirva las porciones pequeñas o líquidas, así como los postres, en vasos individuales de vidrio.
- Presente en brochetas las carnes, pescados y frutas.

Con estas recetas de cenas exprés podrá consentirse y alimentar a su familia, y hasta invitados inesperados, sin que ello sea causa de estrés.

# Ingredientes

Éstos son los ingredientes básicos que debe tener en su alacena, que le permitirán preparar deliciosas cenas en poco tiempo para compartir con su familia.

## Ingredientes básicos

VINAGRE
(BALSÁMICO, DE MANZANA...)

SAL Y PIMIENTA

HARINA DE TRIGO

ACEITE DE OLIVA

ARROZ

ESPECIAS EN POLVO
(CURRY, COMINO,
CINCO ESPECIAS, CHILE...)

AJO

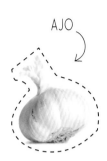

CEBOLLA (BLANCA, MORADA,
AMARILLA, CAMBRAY)

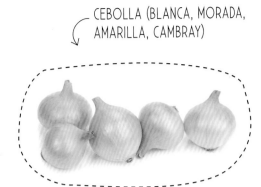

CHALOTAS

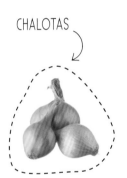

LIMÓN

HIERBAS AROMÁTICAS
(TOMILLO, ORÉGANO, LAUREL...)

CUBOS DE CALDO
(VERDURAS, POLLO, RES)

# Ingredientes (continuación)

## Ingredientes frescos

YOGUR NATURAL

CREMA PARA BATIR

LECHE

MANTEQUILLA

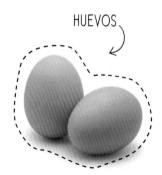

HUEVOS

# Ingredientes dulces

AZÚCAR

POLVO PARA HORNEAR

AZÚCAR GLASS

CHOCOLATE

MIEL DE ABEJA

VAINAS DE VAINILLA

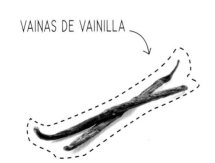

FRUTAS FRESCAS O CONGELADAS

# Humus
# DE BETABEL

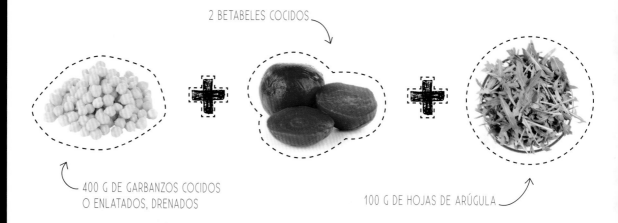

2 BETABELES COCIDOS

400 G DE GARBANZOS COCIDOS
O ENLATADOS, DRENADOS

100 G DE HOJAS DE ARÚGULA

## ADEMÁS...

+ 1 DIENTE DE AJO TROCEADO
+ 1 CUCHARADA DE ACEITE DE OLIVA +
CANTIDAD SUFICIENTE AL GUSTO
+ SAL Y PIMIENTA AL GUSTO

## PROCEDIMIENTO

**1** Pele los betabeles y córtelos en cubos pequeños.

**2** Muela en un procesador de alimentos los garbanzos con los cubos de betabel y el ajo; deberá obtener un puré sin grumos. Añada aceite de oliva, sal y pimienta al gusto.

**3** Aderece las hojas de arúgula con la cucharada de aceite de oliva y sírvalas con el humus de betabel.

### CONSEJO

Agregue un ligero toque de acidez añadiendo a la arúgula 1 cucharadita de vinagre de frambuesa junto con el aceite de oliva.

4

00:10

Modo y
tiempo
de cocción

00:00

**SIN
COCCIÓN**

# Puré de aguacate
# CON MANDARINA

3 AGUACATES

2 MANDARINAS

1 TAZA DE MEZCLA DE CHIPS DE VEGETALES

## ADEMÁS...

+ EL JUGO DE ½ LIMÓN

+ 1 CUCHARADA DE ACEITE DE OLIVA

+ SAL Y PIMIENTA AL GUSTO

## PROCEDIMIENTO

**1** Pele las mandarinas y corte los gajos en cuartos.

**2** Extraiga la pulpa de los aguacates, colóquela en un tazón y presiónela con un tenedor hasta obtener un puré con algunos grumos. Agréguele el jugo de limón, sal y pimienta al gusto.

**3** Sirva el puré de agucate en 4 tazones y distribuya encima los cuartos de mandarina. Acompañe el puré de aguacate con los chips de vegetales.

### VARIANTE

Sustituya los chips de vegetales por rebanadas de pan tostado o galletas saladas.

# Cigarrillos de queso
## DE CABRA

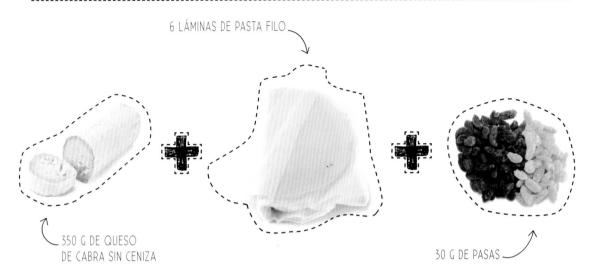

6 LÁMINAS DE PASTA FILO

350 G DE QUESO
DE CABRA SIN CENIZA

30 G DE PASAS

## ADEMÁS...

+ 1 HUEVO

+ 50 G DE PAN MOLIDO

+ CANTIDAD SUFICIENTE DE ACEITE
DE OLIVA

+ SAL Y PIMIENTA AL GUSTO

## CONSEJO

Acompañe los cigarrillos con una ensalada
verde par obtener una comida completa.

## PROCEDIMIENTO

**1** Precaliente el horno a 200 °C.

**2** Desmorone el queso de cabra en un tazón y mézclelo
con las pasas, el huevo, el pan molido y sal y pimienta
al gusto.

**3** Corte las láminas de pasta filo por la mitad de manera
horizontal. Distribuya la mezcla de queso de cabra en
una de las orillas largas de cada mitad de pasta filo. Para
formar los cigarrillos, enróllelos comenzando por la orilla
con la mezcla de queso; cuando llegue a la mitad, doble los
los costados hacia el centro y termine de enrollar.

**4** Coloque los rollos en una charola antiadherente y bar-
nícelos con un poco de aceite de oliva. Hornéelos durante 20 minutos o hasta que se doren.

# Capuchino
# DE CHAMPIÑONES

1 CHALOTA

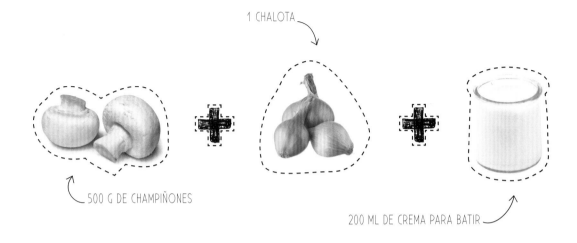

500 G DE CHAMPIÑONES

200 ML DE CREMA PARA BATIR

## ADEMÁS...

+ 1 CUCHARADA DE MANTEQUILLA
+ 100 ML DE CALDO DE POLLO
+ SAL Y PIMIENTA AL GUSTO
+ CRUTONES AL GUSTO (OPCIONAL)

## PROCEDIMIENTO

**1** Pique los champiñones y la chalota.

**2** Ponga sobre el fuego una olla con la mantequilla; cuando se derrita, añada los champiñones y la chalota y cocínelos moviéndolos ocasionalmente durante 5 minutos. Añada el caldo de pollo y la crema para batir, tape la olla, baje el fuego y deje cocer la preparación durante 20 minutos.

**3** Licue la preparación hasta obtener una mezcla espumosa; salpimiente al gusto.

**4** Sirva la sopa en 4 tazones y acompáñela, si lo desea, con crutones al gusto.

# Crema
# DE CHIRIVÍA

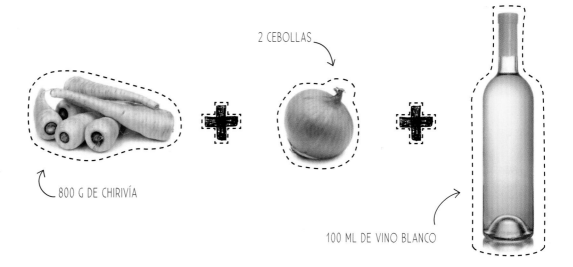

2 CEBOLLAS

800 G DE CHIRIVÍA

100 ML DE VINO BLANCO

## ADEMÁS...

+ 30 G DE MANTEQUILLA

+ 200 ML DE CREMA PARA BATIR
  O CREMA ÁCIDA

+ SAL Y PIMIENTA AL GUSTO

## PROCEDIMIENTO

**1** Pele la chirivía y córtela en cubos pequeños. Pique las cebollas.

**2** Ponga sobre el fuego una olla con la mantequilla; cuando se derrita, acitrone la cebolla picada. Añada la chirivía y cocínela moviéndola ocasionalmente durante 2 minutos. Vierta el vino blanco y añada la cantidad necesaria de agua para cubrir bien todos los ingredientes. Baje la intensidad del fuego, añada sal al gusto, tape la olla y continúe la cocción durante 20 minutos.

**3** Licue la preparación hasta obtener una mezcla homogénea y tersa. Añada la crema, sal y pimienta al gusto. Sirva.

## CONSEJO

Puede sustituir la chirivía por nabo daikon, apionabo o zanahoria. Si desea una crema más espesa, retire 1 taza del líquido de cocción de las verduras antes de molerlas; posteriormente, ajuste a su gusto la consistencia de la crema agregando un poco más del líquido.

# Sopa de calabaza
# Y APIONABO

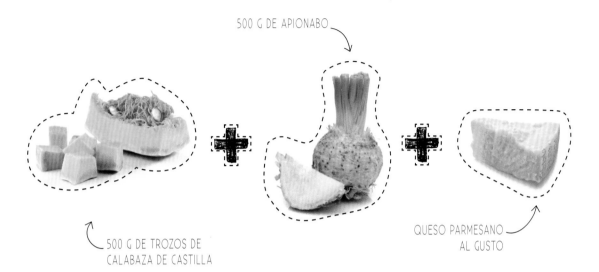

500 G DE APIONABO

500 G DE TROZOS DE
CALABAZA DE CASTILLA

QUESO PARMESANO
AL GUSTO

## ADEMÁS…

+ CREMA ÁCIDA, AL GUSTO

+ SAL Y PIMIENTA AL GUSTO

## PROCEDIMIENTO

**1** Pele el apionabo y retírele la cáscara a los trozos de la calabaza de Castilla. Córtelos en cubos pequeños y colóquelos en una olla con ½ litro de agua y sal al gusto. Ponga la olla sobre el fuego; cuando el agua hierva, tape la olla, baje el fuego y cueza las verduras durante 20 minutos mezclándolas ocasionalmente.

**2** Licue la preparación hasta obtener una mezcla homogénea y tersa; salpimiente al gusto.

**3** Corte algunas láminas de queso parmesano con un pelapapas. Sirva la sopa en 4 tazones, añada crema al gusto, así como las láminas de queso parmesano, y sazone con un poco de pimienta.

# Sopa fría
# DE CALABACITA

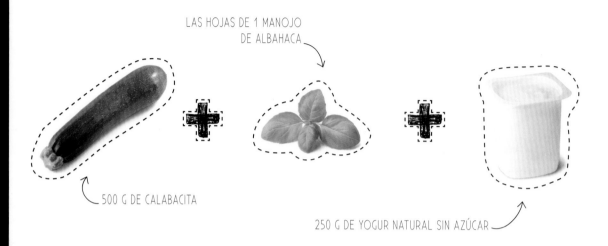

LAS HOJAS DE 1 MANOJO DE ALBAHACA

500 G DE CALABACITA

250 G DE YOGUR NATURAL SIN AZÚCAR

## ADEMÁS...

+ 2 DIENTES DE AJO PICADOS

+ 1 CUCHARADA DE ACEITE DE OLIVA

+ PÁPRIKA AL GUSTO

+ SAL AL GUSTO

## PROCEDIMIENTO

**1** Ponga sobre el fuego una olla con agua y un poco de sal. Corte la calabacita en cubos. Cuando hierva el agua, agregue los cubos de calabacita junto con los dientes de ajo y cuézalos durante 5 minutos. Escúrralos y enfríelos bajo el chorro de agua fría.

**2** Licue los cubos de calabacita, con los ajos, las hojas de albahaca, el yogur, el aceite de oliva y sal al gusto hasta obtener una mezcla homogénea y tersa.

**3** Sirva la sopa en 4 tazones y espolvoree encima la páprika.

# Sopa de zanahoria y nabo
# CON NARANJA

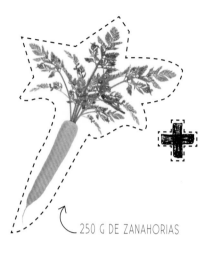

250 G DE ZANAHORIAS

250 G DE NABOS

1 NARANJA

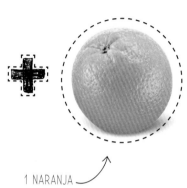

## ADEMÁS...

+ 2 CUCHARADAS DE ACEITE DE OLIVA
+ 1 CUCHARADITA DE AZÚCAR
+ SAL Y PIMIENTA AL GUSTO

CONSEJO

Sirva la sopa tibia para apreciar mejor sus delicados sabores.

## PROCEDIMIENTO

**1** Pele las zanahorias y los nabos y córtelos en cubos.

**2** Ponga sobre el fuego una olla con el aceite de oliva; cuando se caliente, añada los cubos de zanahoria y de nabo y cocínelos moviéndolos ocasionalmente durante 5 minutos. Añada ½ litro de agua, tape la olla y cueza las verduras durante 15 minutos.

**3** Mientras las verduras se cuecen, corte la cáscara de la naranja en tiras gruesas con un pelapapas; después, corte cada tira en tiras delgadas. Hierva las tiras de naranja en una cacerola con un poco de agua durante 1 minuto, escúrralas, enfríelas bajo el chorro de agua fría y resérvelas. Extraiga el jugo de la naranja.

**4** Añada a las verduras cocidas 100 mililitros de jugo de naranja, el azúcar y sal al gusto; mezcle durante 30 segundos y licue la preparación hasta obtener una consistencia homogénea y tersa. Sirva la sopa en 4 tazones, distribuya las tiras de cáscara de naranja y añada pimienta al gusto.

# Ensalada de camarones
## CON PALMITO

400 G DE PALMITOS
EN CONSERVA, DRENADOS

3 NARANJAS

150 G DE CAMARONES SIN CABEZA
NI COLA, PELADOS

## ADEMÁS...

+ 3 CUCHARADAS DE ACEITE DE OLIVA

+ HOJAS DE PEREJIL O CILANTRO
  PICADAS, AL GUSTO

+ SAL Y PIMIENTA AL GUSTO

## PROCEDIMIENTO

**1** Haga una incisión poco profunda en el dorso de los camarones y retíreles la vena negra. Coloque sobre el fuego un sartén con 1 cucharada de aceite de oliva; cuando se caliente, saltee los camarones durante 5 minutos o hasta que estén bien cocidos pero no dorados. Añádales sal al gusto y resérvelos.

**2** Pele las naranjas, separe los gajos y retíreles la piel blanca que los cubre. Córtelos en tres partes y agréguelos a una ensaladera.

**3** Rebane los palmitos y añádalos a la ensaladera; agregue los camarones, el aceite restante y salpimiente al gusto. Sirva la ensalada en 4 platos y espolvoree perejil o cilantro picado a gusto.

# Ensalada
# DE MELÓN

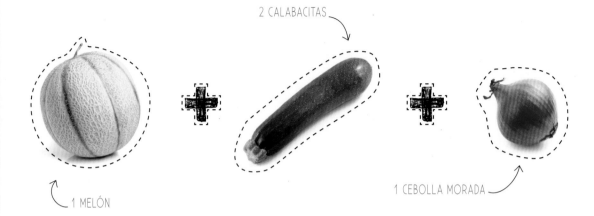

2 CALABACITAS

1 MELÓN

1 CEBOLLA MORADA

## ADEMÁS...

+ 2 CUCHARADAS DE ACEITE DE OLIVA
+ 2 CUCHARADAS DE VINAGRE BALSÁMICO
+ SAL Y PIMIENTA AL GUSTO

## PROCEDIMIENTO

**1** Pele el melón, retírele las semillas y córtelo en cubos pequeños.

**2** Corte la calabacita en cubos pequeños y pique la cebolla morada.

**3** Mezcle en una ensaladera los cubos de melón y de calabacita, la cebolla morada picada, el aceite de oliva, el vinagre balsámico y sal y pimienta al gusto. Sirva.

# Ensalada de toronja
## Y CAMARONES

16 CAMARONES COCIDOS SIN CABEZA, PELADOS

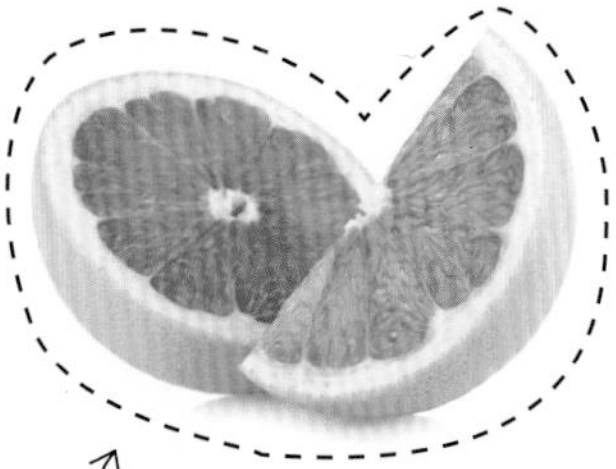

1 TORONJA

150 G DE MEZCLA DE HOJAS VERDES

## ADEMÁS...

+ 2 CUCHARADAS DE ACEITE DE OLIVA

+ SAL Y PIMIENTA AL GUSTO

## PROCEDIMIENTO

**1** Pele las toronjas, separe los gajos y retíreles la piel blanca que los cubre. Córtelos en tres partes encima de una ensaladera para conservar su jugo.

**2** Agregue los camarones a la ensaladera.

**3** Añada la mezcla de hojas, el aceite de oliva y salpimiente al gusto. Sirva.

### CONSEJO

Para una ensalada más completa, añádale arroz, cuscús o quinoa cocida.

Tiempo de
preparación: 00:10

Modo y tiempo
de cocción: SIN
COCCIÓN 00:00

4

00:05

Modo y
tiempo
de cocción

00:00

SIN
COCCIÓN

# Ensalada de
# JITOMATES CHERRY

4 CEBOLLAS CAMBRAY

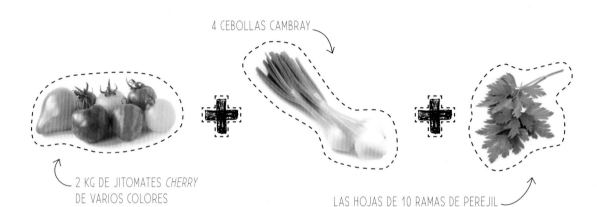

2 KG DE JITOMATES *CHERRY*
DE VARIOS COLORES

LAS HOJAS DE 10 RAMAS DE PEREJIL

## ADEMÁS...

+ 3 CUCHARADAS DE ACEITE DE OLIVA

+ SAL Y PIMIENTA AL GUSTO

## PROCEDIMIENTO

**1** Corte los jitomates *cherry* en cuartos, filetee las cebollas cambray y pique las hojas de perejil; mezcle todo en una ensaladera.

**2** Antes de servir, rocíe la ensalada con el aceite de oliva y salpiméntela al gusto.

 CONSEJO

Para un plato más completo, sirva
la ensalada de jitomates *cherry* sobre
una cama de espagueti cocido.

# Gazpacho de pepino
## Y QUESO FETA

4

00:15

Modo y
tiempo
de cocción

00:00

SIN
COCCIÓN

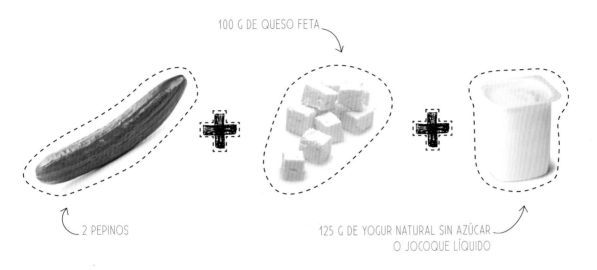

100 G DE QUESO FETA

2 PEPINOS

125 G DE YOGUR NATURAL SIN AZÚCAR
O JOCOQUE LÍQUIDO

### ADEMÁS...

+ 2 CUCHARADAS DE ACEITE DE OLIVA

+ SAL Y PIMIENTA AL GUSTO

## PROCEDIMIENTO

**1** Pele los pepinos, córtelos en trozos y muélalos con el jocoque o yogur y sal y pimienta al gusto, hasta obtener una preparación homogénea y tersa.

**2** Desmorone el queso feta. Mezcle el gazpacho de pepino con el aceite de oliva y el queso desmoronado. Sirva.

# Tartar de trucha
## CON ENSALADA

EL JUGO DE 1 LIMÓN

**+**

**+**

800 G DE FILETES DE TRUCHA
SALMONADA SIN PIEL

500 G DE HOJAS DE ARÚGULA

### ADEMÁS...

+ 50 G DE PEPINILLOS

+ 1 CUCHARADA DE VINAGRE
BALSÁMICO

+ 2 CUCHARADAS DE MAYONESA

+ ACEITE DE OLIVA AL GUSTO

+ SAL Y PIMIENTA AL GUSTO

**REFRIGERACIÓN:** 00:30

### VARIANTE

Sustituya la trucha por la misma cantidad
de salmón o de atún fresco.

## PROCEDIMIENTO

**1** Corte los filetes de trucha salmonada en cubos. Seque
los pepinillos con papel absorbente y píquelos.

**2** Mezcle en una ensaladera los cubos de trucha con los pepinillos picados, el jugo de limón, el vinagre balsámico
y la mayonesa. Tape la ensaladera con plástico autoadherente y refrigérela durante 30 minutos.

**3** Distribuya las hojas de arúgula en 4 platos, rocíelas con
un poco de aceite de oliva y añada sal y pimienta al gusto. Distribuya encima el tartar de trucha y sirva.

Tiempo de
preparación:  00:15    Modo y tiempo
de cocción: **SIN
COCCIÓN** 00:00

# Tarta de
# SARDINAS

250 DE SARDIANAS ENLATADAS
EN SALSA DE TOMATE

4 HUEVOS

1 RECETA DE PASTA QUEBRADA, EXTENDIDA (VER PÁG. 102)

## ADEMÁS...

+ SAL Y PIMIENTA AL GUSTO

## PROCEDIMIENTO

**1** Precaliente el horno a 240 °C. Cubra con papel siliconado un molde para tarta de 23 centímetros de diámetro y fórrelo con la pasta quebrada.

**2** Bata los huevos en un tazón. Presione las sardinas con un tenedor y agréguelas a los huevos batidos junto con la salsa de tomate. Salpimiente al gusto.

**3** Vierta la preparación sobre la masa quebrada y hornee la tarta durante 30 minutos. Sáquela del horno y sírvala caliente.

# Paletilla de cordero
# ROSTIZADA

500 G DE PAPAS CAMBRAY

1 KG DE PALETILLA DE CORDERO

10 DIENTES DE AJO

## ADEMÁS...

+ ACEITE DE OLIVA AL GUSTO

+ RAMAS DE TOMILLO AL GUSTO

+ SAL Y PIMIENTA AL GUSTO

## PROCEDIMIENTO

**1** Precaliente el horno a 220 °C. Coloque la paletilla de cordero en un refractario o recipiente para hornear con el lado curvo hacia abajo.

**2** Distribuya alrededor de la paletilla las papas cambray y los dientes de ajo. Añada 1 taza de agua, rocíe los ingredientes con un poco de aceite de oliva y distribuya las ramas de tomillo.

**3** Hornee la paletilla durante 35 minutos, volteándola a mitad de la cocción, y salpimentándola al gusto. Si desea una carne más cocida, aumente el tiempo de cocción entre 10 y 15 minutos.

# Brochetas de res con
# HIGOS ROSTIZADOS

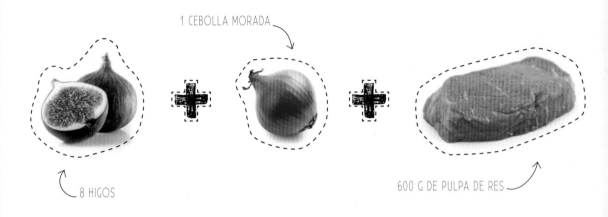

1 CEBOLLA MORADA

8 HIGOS

600 G DE PULPA DE RES

## ADEMÁS...

+ 2 CUCHARADAS DE ACEITE DE OLIVA
+ 4 RAMAS DE ROMERO O TOMILLO
+ SAL Y PIMIENTA AL GUSTO

## PROCEDIMIENTO

**1** Precaliente el horno a 200 °C. Corte los higos por la mitad, colóquelos en un refractario, rocíelos con 1 cucharada de aceite de oliva, salpimiéntelos al gusto y hornéelos durante 10 minutos.

**2** Corte la cebolla morada y la pulpa de res en trozos medianos e insértelos en brochetas de madera de forma alternada. Coloque las brochetas en un refractario, rocíelas con 1 cucharada de aceite de oliva, salpimiéntelas al gusto y distribuya encima las ramas de romero o de tomillo.

**3** Saque los higos del horno y resérvelos.

**4** Suba la temperatura del horno a 240 °C. Hornee las brochetas durante 6 minutos, girándolas a la mitad de la cocción. Añada los higos al mismo refractario y continúe la cocción durante 2 minutos más. Sirva.

Tiempo de preparación: 00:15

Modo y tiempo de cocción: SIN COCCIÓN 00:45

# Lomo de conejo
## AL LIMÓN

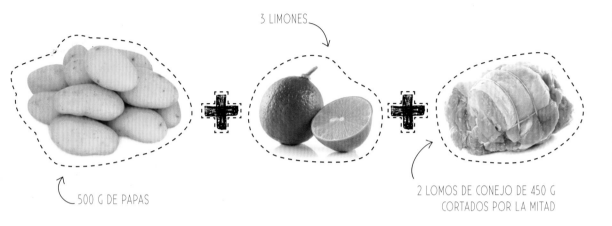

3 LIMONES

500 G DE PAPAS

2 LOMOS DE CONEJO DE 450 G
CORTADOS POR LA MITAD

## ADEMÁS...

+ 2 CUCHARADAS DE ACEITE DE OLIVA

+ SAL Y PIMIENTA AL GUSTO

## PROCEDIMIENTO

**1** Precaliente el horno a 200 °C.

**2** Pele las papas y hiérvalas en agua durante 5 minutos. Escúrralas, córtelas en trozos y colóquelos en un recipiente para hornear que tenga tapa.

**3** Extraiga el jugo de 1 limón y corte los 2 restantes en cuartos.

**4** Coloque los trozos de lomo de conejo en el recipiente con las papas, báñelos con el jugo de limón y el aceite de oliva, añada los cuartos de limón y salpimiente al gusto. Tape el recipiente y hornee la preparación durante 15 minutos. Retire la tapa y continúe la cocción durante 30 minutos, bañando ocasionalmente los ingredientes con el jugo de cocción.

# Solomillo de ternera
# ESPECIADO

1 CUCHARADA DE CURRY EN POLVO

4 MEDALLONES DE SOLOMILLO
DE TERNERA DE 150 G C/U

500 G DE HOJAS DE ESPINACA

## ADEMÁS...

+ 2 CUCHARADAS DE ACEITE DE OLIVA

+ 2 CUCHARADAS DE CREMA PARA BATIR

+ SAL Y PIMIENTA AL GUSTO

## PROCEDIMIENTO

**1** Ponga sobre el fuego una olla con el aceite de oliva; cuando se caliente, fría los medallones de solomillo hasta que se doren por ambos lados. Espolvoréeles el curry en polvo, añada 200 mililitros de agua y salpimiente al gusto. Baje la intensidad del fuego, tape la olla y deje cocer la preparación durante 20 minutos.

**2** Añada las hojas de espinaca a la olla y cocínelas durante 10 minutos moviéndolas ocasionalmente, hasta que se evapore toda el agua que hayan soltado.

**3** Agregue la crema para batir, tape nuevamente la olla y continúe la cocción durante 15 minutos.

VARIANTE

Sustituya el agua y la crema para batir por 300 mililitros de leche de coco.

# Filete de res con salsa
# DE BETABEL

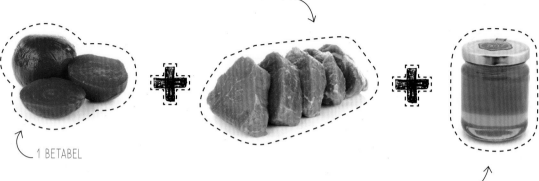

4 TROZOS DE FILETE DE RES DE 150 G C/U

1 BETABEL

1 CUCHARADA DE MIEL DE ABEJA

## ADEMÁS...

+ 1 CUCHARADA DE ACEITE DE OLIVA

+ 1 CUCHARADA DE VINAGRE
  BALSÁMICO

+ SAL Y PIMIENTA AL GUSTO

## PROCEDIMIENTO

**1** Pele el betabel, córtelo en trozos pequeños y muélalos hasta obtener un puré. Resérvelo,

**2** Ponga sobre el fuego un sartén grande con el aceite de oliva; cuando se caliente, selle los filetes de res por ambos lados durante 6 minutos.

**3** Salpimiente los filetes y añádales el vinagre balsámico, la miel de abeja y el puré de betabel. Voltee los filetes para cubrirlos bien con la salsa; si la salsa estuviera muy espesa, añada un poco de agua y mezcle bien. Sirva.

# Costillas de ternera
## A LA CREMA

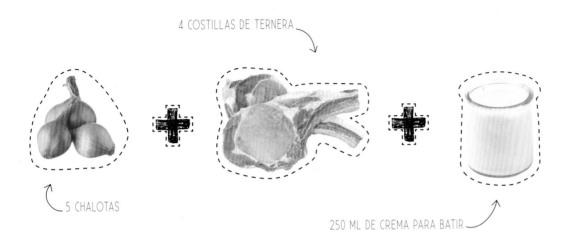

4 COSTILLAS DE TERNERA

5 CHALOTAS

250 ML DE CREMA PARA BATIR

## ADEMÁS...

+ 2 CUCHARADAS DE ACEITE DE OLIVA
+ SAL Y PIMIENTA AL GUSTO

## CONSEJO

Sirva las costillas a la crema acompañadas con arroz salvaje o alguna pasta larga.

## PROCEDIMIENTO

**1** Corte las chalotas en cuartos.

**2** Ponga sobre el fuego un sartén grande con 1 cucharada del aceite de oliva; cuando se caliente, dore las costillas de ternera por ambos lados durante 6 minutos. Retírelas del sartén y resérvelas.

**3** Añada al sartén el resto del aceite y saltee las chalotas, moviéndolas constantemente, durante 2 minutos o hasta que se doren.

**4** Agregue la crema para batir, salpimiente al gusto y añada nuevamente las costillas de ternera. Tape el sartén, baje el fuego y continúe la cocción durante 15 minutos más. Retire el sartén del fuego y deje reposar la preparación durante algunos minutos antes de servir.

# Berenjenas
# **RELLENAS**

4 SALCHICHAS NATURALES O A LAS HIERBAS

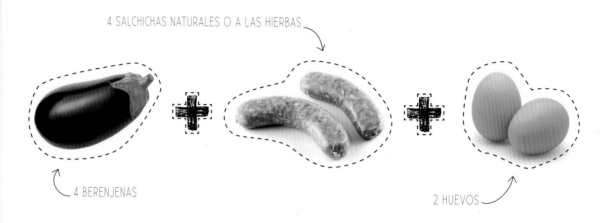

4 BERENJENAS

2 HUEVOS

## ADEMÁS...

+ 3 DIENTES DE AJO

+ ACEITE DE OLIVA AL GUSTO

+ SAL Y PIMIENTA AL GUSTO

## VARIANTE

Sirva las berenjenas con queso feta, rocíelas con un poco de miel de abeja y acompáñelas con cuscús o bulgur.

## **PROCEDIMIENTO**

**1** Precaliente el horno a 210 °C.

**2** Corte las berenjenas por la mitad a lo largo, retíreles la pulpa con una cuchara y resérvela.

**3** Pique finamente las salchichas y los dientes de ajo, y mézclelos en un tazón con la pulpa de berenjena y los huevos; deberá obtener una mezcla homogénea.

**4** Coloque las cáscaras de berenjena en un recipiente para hornear, añádales sal al gusto y rellénelas con la mezcla de salchicha. Rocíelas con un poco de aceite de oliva y hornéelas durante 30 minutos.

# Moños con tocino
# Y ESPINACAS

1 TAZA DE HOJAS DE ESPINACA *BABY*

300 G DE PASTA TIPO MOÑO

12 REBANADAS DE TOCINO

## ADEMÁS...

+ 1 CUCHARADA DE ACEITE DE OLIVA
+ 2 CUCHARADAS DE ALCAPARRAS
+ SAL Y PIMIENTA AL GUSTO

## PROCEDIMIENTO

**1** Ponga sobre el fuego un sartén con la cucharada de aceite de oliva; cuando se caliente, fría las tiras de tocino hasta que se doren ligeramente. Córtelas en tiras y resérvelas.

**2** Hierva suficiente agua con un poco de sal en una olla, agregue la pasta y cuézala al dente, siguiendo las instrucciones del empaque. Escúrrala y colóquela en un tazón.

**3** Mezcle la pasta con las rebanadas de tocino, agregue aceite de oliva al gusto, mezcle y, finalmente, incorpore las hojas de espinaca *baby* y las alcaparras.

### CONSEJO

Seque las alcaparras con papel absorbente antes de agregarlas a la ensalada para disminuir el sabor a vinagre.

### VARIANTE

Sustituya las alcaparras por la misma cantidad de jitomate deshidratado cortado en tiras delgadas, y sirva la pasta con láminas de queso parmesano.

# Pastel de papa, jamón
## Y PORO

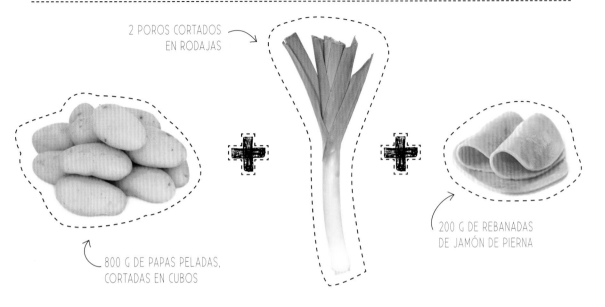

2 POROS CORTADOS
EN RODAJAS

200 G DE REBANADAS
DE JAMÓN DE PIERNA

800 G DE PAPAS PELADAS,
CORTADAS EN CUBOS

## ADEMÁS...

+ 2 CUCHARADAS DE ACEITE DE OLIVA
+ SAL Y PIMIENTA AL GUSTO

### CONSEJO

Utilice un refractario o molde chico
para darle mayor altura al pastel.

## PROCEDIMIENTO

**1** Precaliente el horno a 210 °C. Hierva los cubos de papa en suficiente agua con sal hasta que estén bien cocidos. Retírelos del fuego y resérvelos.

**2** Ponga sobre el fuego un sartén con 1 cucharada de aceite de oliva; cuando se caliente, sofría las rodajas de poro durante 3 minutos, moviéndolas frecuentemente.

**3** Corte las rebanadas de jamón en tiras delgadas, añádalas al sofrito de poro y continúe la cocción, mezclando ocasionalmente, durante 2 minutos más. Retire del fuego y reserve.

**4** Escurra los cubos de papa, colóquelos en un tazón, añádales el aceite de oliva restante y presiónelos con un tenedor hasta que obtenga un puré cremoso.

**5** Distribuya el sofrito de poro y jamón en la base de un refractario o recipiente para hornear, cúbralo con el puré de papa y extiéndalo con una espátula. Forme algunas líneas en la superficie del puré con un tenedor y añádale pimienta al gusto. Hornee el pastel de papa durante 20 minutos.

# Penne
# PRIMAVERA

24 ESPÁRRAGOS

200 G DE PASTA TIPO *PENNE*

16 RODAJAS DE *COPPA*

## ADEMÁS...

+ CANTIDAD SUFICIENTE DE ACEITE DE OLIVA
+ VINAGRE BALSÁMICO AL GUSTO
+ SAL Y PIMIENTA AL GUSTO

## PROCEDIMIENTO

**1** Precaliente el asador o el grill del horno.

**2** Ponga sobre el fuego una olla con suficiente agua y un poco de sal; cuando hierva, añada la pasta y cuézala al dente siguiendo las instrucciones del empaque.

**3** Mientras la pasta se cuece, retire la base fibrosa de los espárragos, colóquelos en un refractario ligeramente engrasado con aceite de oliva y hornéelos entre 6 y 8 minutos, girándolos a la mitad de la cocción. Sáquelos del refractario y resérvelos. Coloque las rodajas de *coppa* en el refractario y hornéelas durante 1 minuto.

**4** Escurra la pasta y distribúyala junto con los espárragos y las rodajas de *coppa* en 4 platos; aderece con un poco de aceite de oliva, vinagre balsámico y sal y pimienta al gusto.

CONSEJO

La *coppa* es un embutido italiano preparado con lomo de cerdo marinado con vino tinto y ajo. Puede sustituirlo por el embutido de su preferencia.

# Ensalada de ejotes
## CON POLLO

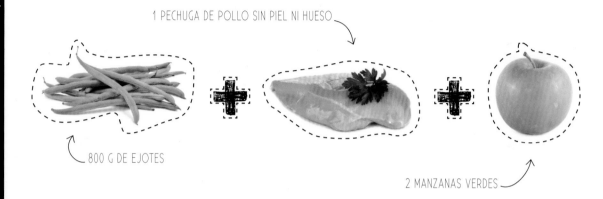

1 PECHUGA DE POLLO SIN PIEL NI HUESO

800 G DE EJOTES

2 MANZANAS VERDES

## ADEMÁS...

+ 2 CUCHARADAS DE ACEITE DE OLIVA

+ 2 CUCHARADAS DE VINAGRE
  DE FRAMBUESA

+ SAL AL GUSTO

## PROCEDIMIENTO

**1** Descorazone las manzanas, pélelas y córtelas en cubos. Resérvelos.

**2** Hierva en una olla suficiente agua con un poco de sal, añada los ejotes y cuézalos durante 5 minutos; deberán estar cocidos pero firmes. Escúrralos y resérvelos calientes.

**3** Corte la pechuga de pollo en fajitas y espolvoréelas con sal al gusto. Ponga sobre el fuego un sartén con 1 cucharada de aceite de oliva; cuando se caliente, cueza las fajitas de pollo durante 5 minutos o hasta que se doren ligeramente por ambos lados. Retírelas del sartén y resérvelas.

**4** Añada el vinagre de frambuesa al sartén donde se cocieron las fajitas; cuando se caliente, muévalo constantemente, raspando el fondo del sartén con una cuchara de madera hasta que se reduzca ligeramente.

**5** Coloque en una ensaladera las fajitas de pollo y báñelas con el vinagre de frambuesa; añada los ejotes, los cubos de manzana y el aceite de oliva restante. Mezcle y sirva.

# Pollo
# A LA NARANJA

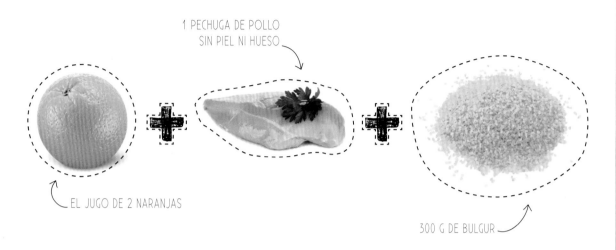

1 PECHUGA DE POLLO
SIN PIEL NI HUESO

EL JUGO DE 2 NARANJAS

300 G DE BULGUR

## ADEMÁS...

+ 1 CUCHARADA DE ACEITE DE OLIVA

+ SAL Y PIMIENTA AL GUSTO

## PROCEDIMIENTO

**1** Ponga sobre el fuego una olla con el bulgur y 2 tazas de agua; cuando hierva, baje el fuego, tape la olla y deje cocer el bulgur durante 15 minutos o hasta que absorba toda el agua. Retire la olla del fuego, raspe delicadamente los granos de bulgur con un tenedor y resérvelo caliente.

**2** Corte la pechuga de pollo en cubos. Ponga sobre el fuego un sartén con el aceite de oliva; cuando se caliente, cueza los cubos de pollo moviéndolos ocasionalmente durante 3 minutos; salpiméntelos al gusto, retírelos del sartén y resérvelos.

**3** Añada el jugo de naranja al sartén donde se cocieron los cubos de pollo; cuando se caliente, muévalo constantemente, raspando el fondo del sartén con una cuchara de madera, hasta que se reduzca una tercera parte. Añada nuevamente los cubos de pollo y mezcle bien.

**4** Sirva el pollo a la naranja acompañado del bulgur.

# Pollo
# AL ESTRAGÓN

½ TAZA QUESO MASCARPONE O DE JOCOQUE SECO

1 POLLO DE 1 KG SIN VÍSCERAS Y LIMPIO

2 RAMAS DE ESTRAGÓN FRESCO

## ADEMÁS...

+ 1 CUCHARADA DE ACEITE DE OLIVA
+ SAL Y PIMIENTA AL GUSTO

## PROCEDIMIENTO

**1** Precaliente el horno a 220 °C. Retire la piel del pollo si lo desea.

**2** Salpimiente el pollo por dentro y por fuera e introduzca en la cavidad el queso mascarpone o el jocoque y las ramas de estragón.

**3** Rocíe un refractario o recipiente para hornear con el aceite de oliva y coloque encima el pollo con la pechuga hacia arriba. Tápelo y hornéelo durante 40 minutos.

## CONSEJO

Sirva el pollo acompañado con papas cambray salteadas con un poco de mantequilla o con verduras al vapor.

# Filetes de abadejo
## AL HINOJO

4 FILETES DE ABADEJO

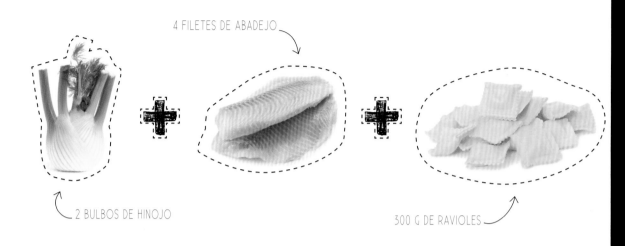

2 BULBOS DE HINOJO

300 G DE RAVIOLES

## ADEMÁS...

+ ACEITE DE OLIVA AL GUSTO

+ QUESO PARMESANO RALLADO, AL GUSTO

+ SAL Y PIMIENTA AL GUSTO

## PROCEDIMIENTO

**1** Corte los bulbos de hinojo por la mitad y después, rebane finamente cada mitad. Añádales un poco de sal y cuézalos al vapor durante 5 minutos o hasta que al insertarles un cuchillo, éste se deslice muy suavemente. Resérvelos.

**2** Cueza los filetes de abadejo al vapor durante 6 minutos. Resérvelos.

**3** Ponga sobre el fuego una olla con suficiente agua y un poco de sal; cuando hierva, añada los ravioles y cuézalos al dente siguiendo las instrucciones del empaque. Escúrralos.

**4** Distribuya en 4 platos los ravioles, los filetes de abadejo y las rebanadas de hinojo. Aderece con aceite de oliva, sal, pimienta y queso parmesano rallado al gusto.

CONSEJO

Puede sustituir los filetes de abadejo por filetes del pescado blanco de su preferencia.

# Lubina
## ENVUELTA

4 FILETES DE LUBINA

**+**

**+**

4 HOJAS GRANDES DE ACELGA ARCOÍRIS

¼ DE TAZA DE TAPENADE DE
ACEITUNA NEGRA (VER PÁG. 102)

## ADEMÁS...

+ SAL Y PIMIENTA AL GUSTO

## PROCEDIMIENTO

**1** Ponga sobre el fuego una olla con agua y un poco de sal; cuando hierva, sumerja las hojas de acelga durante 3 minutos. Escúrralas y enfríelas bajo el chorro de agua fría. Resérvelas.

**2** Corte 4 trozos grandes de plástico autoadherente, coloque 1 hoja de acelga encima de cada uno y extiéndalas con cuidado. Ponga encima de cada hoja 1 filete de lubina, salpiméntelos al gusto y distribuya encima el tapenade de aceituna negra. Enróllelos con ayuda del plástico.

**3** Cueza al vapor los rollos durante 8 minutos. Córtelos en 3 porciones y sírvalos acompañados de arroz blanco o verduras cocidas al vapor.

CONSEJO

Puede sustituir los filetes de lubina
por filetes del pescado blanco
de su preferencia.

4

00:10

Modo y tiempo de cocción

00:15

# Arroz salvaje
# CON MARISCOS

400 G DE MEZCLA DE MARISCOS CONGELADOS
(OSTIONES, ALMEJAS, CALLOS, CAMARONES, ENTRE OTROS)

  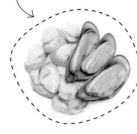 

250 G DE ARROZ SALVAJE

200 ML DE LECHE DE COCO

## ADEMÁS...

+ 1 CHALOTA PICADA

+ 1 CUCHARADA DE ACEITE DE OLIVA

+ SAL Y PIMIENTA AL GUSTO

## PROCEDIMIENTO

**1** Mida el arroz con una taza medidora y agréguelo a una olla con dos veces su volumen en agua y un poco de sal. Ponga la olla sobre el fuego; cuando el agua hierva, baje el fuego y deje cocer el arroz durante 12 minutos o hasta que toda el agua se haya evaporado.

**2** Ponga sobre el fuego una olla con el aceite de oliva; cuando se caliente, sofría la chalota hasta que esté suave. Añada los mariscos congelados y cocínelos durante 2 minutos, mezclándolos delicadamente. Agregue la leche de coco, baje la intensidad del fuego y deje cocer los mariscos durante 5 minutos.

**3** Distribuya el arroz en 4 tazones y encima los mariscos. Sirva.

## VARIANTE

Sustituya la mezcla de mariscos por trozos de filetes del pescado congelado de su preferencia.

# Sierra y arroz
# ESTILO IRLANDÉS

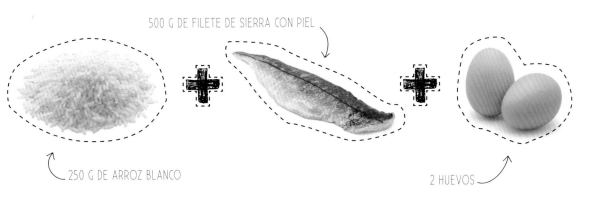

500 G DE FILETE DE SIERRA CON PIEL

250 G DE ARROZ BLANCO

2 HUEVOS

## ADEMÁS...

+ 4 CUCHARADAS DE CREMA ÁCIDA

+ 1 CUCHARADA DE CURRY EN POLVO

+ SAL AL GUSTO

## PROCEDIMIENTO

**1** Cueza el arroz blanco al vapor y resérvelo.

**2** Ponga en una cacerola el filete de sierra y cúbralo con agua. Coloque la cacerola sobre el fuego; cuando el agua hierva, baje el fuego, tape la cacerola y deje que el filete se cueza durante 10 minutos. Escúrralo y déjelo enfriar.

**3** Hierva suficiente agua en una olla y sumerja en ella los huevos; cuézalos durante 10 minutos. Escúrralos y déjelos enfriar.

**4** Retire la piel del filete de sierra y desmenuce la carne; resérvela. Pele los huevos cocidos y desmenúcelos con un tenedor.

**5** Ponga sobre el fuego una olla con la crema y el curry en polvo, y mezcle bien. Cuando se caliente, añada la sierra desmenuzada y el arroz. Mezcle delicadamente y deje cocer durante 2 minutos. Pruebe y rectifique la cantidad de sal. Sirva en 4 platos y decore con el huevo desmenuzado.

# Bacalao al curry
# EMPAPELADO

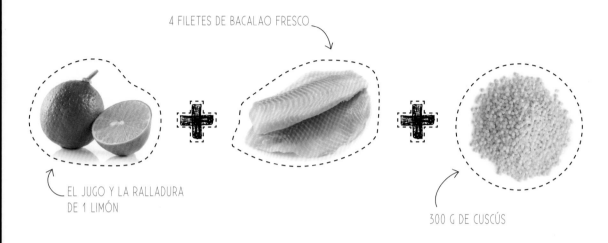

4 FILETES DE BACALAO FRESCO

EL JUGO Y LA RALLADURA
DE 1 LIMÓN

300 G DE CUSCÚS

## ADEMÁS...

+ 1 CUCHARADA DE CURRY EN POLVO

+ MIEL DE ABEJA AL GUSTO

+ ACEITE DE OLIVA AL GUSTO

+ SAL Y PIMIENTA AL GUSTO

## CONSEJO

Puede cocer el cuscús con antelación
y calentarlo en el microondas durante
1 minuto antes de servirlo.

## PROCEDIMIENTO

**1** Precaliente el horno a 200 °C.

**2** Corte 4 trozos de papel siliconado suficientemente grandes para que pueda envolver en ellos los filetes de bacalao. Coloque en una de las orillas de cada trozo de papel 1 filete; distribúyales encima el curry en polvo, la ralladura y el jugo de limón y rocíelos con miel de abeja y aceite de oliva al gusto. Salpimiente, doble el papel siliconado sobre sí mismo y enrolle las orillas para cerrar bien el empapelado. Colóquelos en una charola para hornear y hornéelos durante 10 minutos.

**3** Mientras el pescado se cuece, hierva 400 mililitros de agua. Coloque el cuscús en y un tazón, viértale encima el agua hirviendo, añada un poco de sal y de aceite de oliva y mezcle delicadamente. Cubra el tazón y déjelo reposar durante 5 minutos.

**4** Raspe los granos de cuscús con un tenedor. Sirva los empapelados abiertos acompañados con el cuscús.

# Tallarines con
# CAMARONES

16 CAMARONES GRANDES SIN CABEZA NI COLA, PELADOS

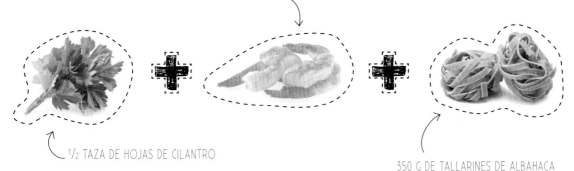

½ TAZA DE HOJAS DE CILANTRO

350 G DE TALLARINES DE ALBAHACA

## ADEMÁS...

+ 1 CUCHARADA DE ACEITE
  DE OLIVA + CANTIDAD AL GUSTO

+ 2 CUCHARADAS DE SALSA DE PESCADO

+ SAL Y PIMIENTA AL GUSTO

## PROCEDIMIENTO

**1** Pique finamente las hojas de cilantro.

**2** Hierva suficiente agua con un poco de sal en una olla y cueza los tallarines al dente, siguiendo las instrucciones del empaque.

**3** Mientras los tallarines se cuecen, ponga sobre el fuego un sartén con el aceite de oliva; cuando se caliente, saltee los camarones durante 5 minutos o hasta que se doren por todos lados. Báñelos con la salsa de pescado y resérvelos calientes.

**4** Escurra los tallarines, colóquelos en un tazón y añádales los camarones con su jugo de cocción; rocíelos con un poco de aceite de oliva, añada el cilantro picado, mezcle y sirva.

# Salmón con puré
# DE CAMOTE

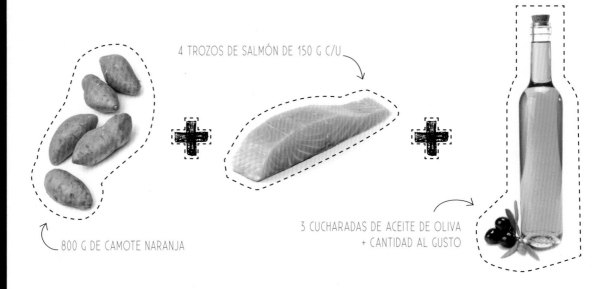

4 TROZOS DE SALMÓN DE 150 G C/U

800 G DE CAMOTE NARANJA

3 CUCHARADAS DE ACEITE DE OLIVA
+ CANTIDAD AL GUSTO

## ADEMÁS...

+ SAL Y PIMIENTA AL GUSTO

+ HOJAS DE PEREJIL AL GUSTO

+ GAJOS DE LIMÓN AL GUSTO
(OPCIONAL)

### CONSEJO

Para mejorar la presentación del plato haga con el puré de camote un timbal. Para ello, engrase el interior de un aro de entre 6 y 8 centímetros de diámetro y colóquelo sobre uno de los platos. Forre el interior del aro con rodajas delgadas de camote cocido y, después, rellénelo con puré de camote presionándolo bien. Para desmoldar, jale el aro hacia arriba presionando delicadamente la superficie del puré para que se mantenga en su lugar.

## PROCEDIMIENTO

**1** Pele los camotes y córtelos en cubos pequeños. Hierva en una olla suficiente agua con un poco de sal, añádale los cubos de camote y cuézalos durante 10 minutos o hasta que estén muy suaves.

**2** Salpimiente los trozos de salmón y cuézalos al vapor.

**3** Mientras el salmón se cuece, escurra los cubos de camote y presiónelos con un machacador de frijoles; añádales el aceite de oliva y continúe machacándolos hasta obtener un puré terso. Salpimiéntelo al gusto.

**4** Distribuya el puré de camote en 4 platos y coloque a un lado los trozos de salmón. Aderece con un poco más de aceite de oliva y de pimienta, y si lo desea, agregue algunas gotas de jugo de limón. Decore con hojas de perejil.

4

00:10

Modo y
tiempo
de cocción

00:00

**SIN
COCCIÓN**

# Hamburguesas
## DE TRUCHA

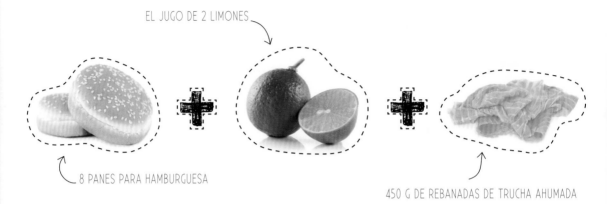

EL JUGO DE 2 LIMONES

8 PANES PARA HAMBURGUESA

450 G DE REBANADAS DE TRUCHA AHUMADA

### ADEMÁS...

+ 60 G DE QUESO CREMA O MASCARPONE

+ 1 DIENTE DE AJO PICADO FINAMENTE

+ 1 CUCHARADA DE CEBOLLÍN PICADO

+ SAL Y PIMIENTA AL GUSTO

## PROCEDIMIENTO

**1** Desmenuce en un tazón 150 gramos de trucha ahumada y mézclela con el queso crema o mascarpone, el jugo de 1 limón, el ajo y el cebollín picado y salpimiente al gusto. Mezcle vigorosamente hasta obtener la consistencia de un paté.

**2** Abra los panes para hamburguesa y unte el paté de trucha ahumada en las bases. Coloque encima las rebanadas de trucha ahumada restantes y báñelas con un poco de jugo de limón. Cubra con las tapas y sirva las hamburguesas.

CONSEJO

Puede sustituir el paté de trucha ahumada
por paté o mousse de atún, de salmón
o de ostión.

# Ensalada de papa con
## TRUCHA AHUMADA

HOJAS DE HINOJO AL GUSTO

1 KG DE PAPAS CAMBRAY

300 G DE REBANADAS DE TRUCHA AHUMADA

### ADEMÁS...

+ 2 CUCHARADAS DE ACEITE DE OLIVA

+ SAL Y PIMIENTA AL GUSTO

## PROCEDIMIENTO

**1** Hierva las papas cambray en una olla con suficiente agua y un poco de sal entre 10 y 15 minutos o hasta que al insertar un cuchillo en el centro de una de ellas, éste se deslice muy suavemente. Escúrralas, córtelas por la mitad y colóquelas en un tazón.

**2** Trocee las hojas de hinojo y añádalas a las papas junto con el aceite de oliva, sal y pimienta al gusto. Mezcle bien.

**3** Distribuya la ensalada de papa en 4 platos, coloque encima las rebanadas de trucha ahumada y sirva.

# Flores
# DE HUEVO

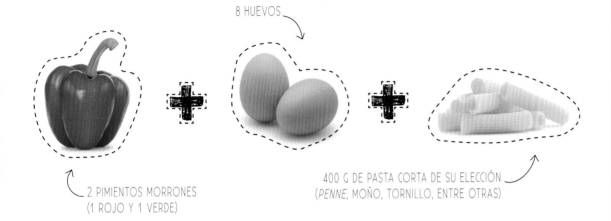

8 HUEVOS

2 PIMIENTOS MORRONES
(1 ROJO Y 1 VERDE)

400 G DE PASTA CORTA DE SU ELECCIÓN
(*PENNE*, MOÑO, TORNILLO, ENTRE OTRAS)

## ADEMÁS...

+ 2 CUCHARADAS DE ACEITE
DE OLIVA + CANTIDAD AL GUSTO

+ SAL Y PIMIENTA AL GUSTO

## PROCEDIMIENTO

**1** Corte cada pimiento en 4 rodajas de 1½ centímetros de grosor y retíreles las semillas y las venas.

**2** Ponga sobre fuego medio un sartén antiadherente grande con el aceite de oliva y saltee en él las rodajas de pimiento durante 15 minutos. Asegúrese de colocar en el sartén sólo la cantidad de rodajas de pimiento que quepan sin encimarse.

**3** Rompa un huevo dentro de cada una de las rodajas de pimiento, salpiméntelos al gusto y cuézalos hasta que la clara esté bien cocida. Repita este paso y el anterior con las rodajas de pimiento y los huevos restantes.

**4** Hierva en una olla suficiente agua con un poco de sal, agregue la pasta y cocínela al dente, siguiendo las instrucciones del empaque. Escúrrala, colóquela en un tazón y mézclala con un poco de aceite de oliva.

**5** Sirva 1 flor de huevo roja y 1 verde en cada plato y acompañe con la pasta cocida.

# Crumble
## DE COLIFLOR

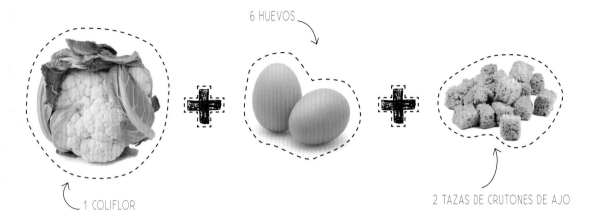

6 HUEVOS

1 COLIFLOR

2 TAZAS DE CRUTONES DE AJO

## ADEMÁS...

+ 2 CUCHARADAS DE ACEITE DE OLIVA
+ SAL AL GUSTO

## PROCEDIMIENTO

**1** Corte la coliflor en floretes y hiérvalos en una olla con suficiente agua y un poco de sal durante 10 minutos o hasta que al insertarles un palillo, éste se deslice suavemente. Escúrralos y resérvelos.

**2** Cueza los huevos en agua hirviendo durante 10 minutos. Escúrralos, enfríelos bajo el chorro de agua fría, pélelos y desmenúcelos con un tenedor. Resérvelos.

**3** Muela los crutones en un procesador de alimentos, conservando algunos grumos grandes.

**4** Precaliente el asador o grill del horno a 200 °C.

**5** Distribuya en la base de un refractario o recipiente para hornear los floretes de coliflor, luego los huevos desmenuzados y finalmente los crutones molidos. Rocíe el aceite de oliva y hornee el *crumble* durante 5 minutos. Sírvalo caliente o tibio.

# Pasta fresca
# CON ALCACHOFA Y NUEZ

20 NUECES DE CASTILLA

  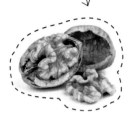  

8 CORAZONES DE ALCACHOFA
CONSERVADOS EN ACEITE, DRENADOS

300 G DE PASTA LARGA FRESCA
DE SU ELECCIÓN (ESPAGUETI, TALLARÍN,
PELO DE ÁNGEL, ENTRE OTRAS)

## ADEMÁS...

+ 4 CUCHARADAS DE ACEITE DE OLIVA

+ 100 ML DE CREMA PARA BATIR

+ SAL Y PIMIENTA AL GUSTO

### 🌶️ CONSEJO

Puede sustituir la pasta fresca por pasta
seca comercial; en este caso, ponga a cocer
la pasta en primera instancia, y mientras
se cuece, dore las rebanadas de alcachofa
y prepare la salsa.

### 🌶️ VARIANTE

Para una versión más ligera, sustituya
la crema para batir por la misma cantidad
de salsa de tomate para pasta.

## PROCEDIMIENTO

**1** Enjuague los corazones de alcachofa con agua y córtelos
en rebanadas de 1 centímetro de grosor. Ponga sobre el
fuego un sartén con 1 cucharada de aceite de oliva; cuando
se caliente, dore las rebanadas de corazón de alcachofa.
Resérvelas.

**2** Ponga una olla sobre el fuego con suficiente agua y un
poco de sal.

**3** Trocee las nueces y mézclelas en un sartén con la crema
batida y el aceite de oliva restante. Coloque el sartén
sobre fuego bajo y caliente la mezcla durante 3 minutos;
resérvela.

**4** Agregue la pasta al agua hirviendo y cuézala entre 1 y
2 minutos. Escúrrala, regrésela a la olla y agregue la
crema de nuez y las rebanadas de corazón de alcachofa. Mezcle y sirva.

# Flan
# DE VEGETALES

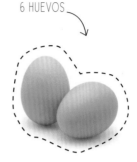

6 HUEVOS

500 G DE PURÉ DE VEGETALES (ZANAHORIA, PAPA, CALABACITA O CAMOTE NARANJA)

400 ML DE CREMA PARA BATIR

## ADEMÁS...

+ CANTIDAD SUFICIENTE DE ACEITE DE OLIVA
+ SAL Y PIMIENTA AL GUSTO
+ CEBOLLÍN PICADO AL GUSTO

## PROCEDIMIENTO

**1** Precaliente el horno a 200 °C.

**2** Bata en un tazón los huevos y mézclelos con la crema para batir; incorpore después el puré de vegetales, sal y pimienta al gusto.

**3** Engrase con un poco de aceite de oliva un refractario o recipiente para hornear. Vierta en él la mezcla de huevo y hornéela durante 30 minutos.

**4** Espolvoree el cebollín antes de servir.

### CONSEJOS

Puede cocer el flan de vegetales en recipientes para hornear individuales. 20 minutos después de haberlos introducido en el horno, rectifique la cocción insertando un palillo en el centro de uno de ellos; éste deberá salir limpio, de lo contario, continúe con la cocción durante algunos minutos más.

Puede servir los flanes de vegetales acompañados con rebanadas de jamón o de trucha ahumada, o con ensalada.

# Omelette
## DE CHAMPIÑONES

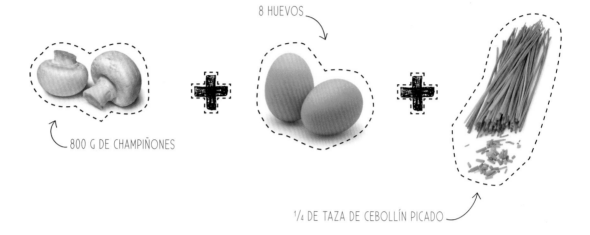

8 HUEVOS

800 G DE CHAMPIÑONES

¼ DE TAZA DE CEBOLLÍN PICADO

## ADEMÁS...

+ 70 G DE MANTEQUILLA

+ SAL Y PIMIENTA AL GUSTO

### CONSEJOS

Para obtener un omelette más cremoso, bata los huevos con 1 cucharada de crema.

Puede sustituir los champiñones por setas, hongos portobello o *shiitake* frescos o hidratados.

## PROCEDIMIENTO

**1** Ponga sobre el fuego un sartén con 40 gramos de mantequilla; cuando se derrita, saltee los champiñones hasta que se evapore todo el líquido que hayan soltado. Salpimiéntelos y resérvelos calientes.

**2** Bata en un tazón los huevos y salpimiéntelos al gusto.

**3** Derrita la mantequilla restante en un sartén antiadherente, añada los huevos batidos y cocínelos durante un par de minutos mezclándolos con una pala de madera. Añada los champiñones salteados y el cebollín picado. Continúe la cocción, sin mezclar, durante 1 minuto más o hasta que obtenga el término de cocción deseado. Despegue el omelette del fondo del sartén con una pala y deslícelo sobre un plato. Sirva.

# Tabule
# DE QUINOA

4 JITOMATES MADUROS

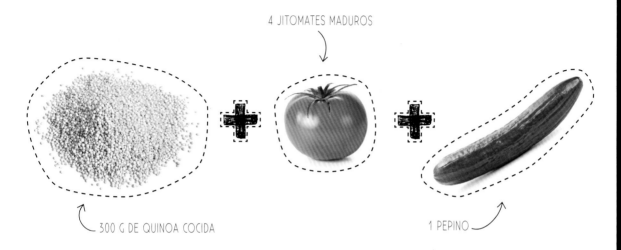

300 G DE QUINOA COCIDA

1 PEPINO

## ADEMÁS...

+ 2 CUCHARADAS DE ACEITE DE OLIVA

+ 1 CUCHARADA DE VINAGRE BALSÁMICO

+ 4 RAMAS DE PEREJIL

+ SAL Y PIMIENTA AL GUSTO

## PROCEDIMIENTO

**1** Ponga sobre el fuego un sartén con 1 cucharada de aceite de oliva; cuando se caliente, añada la quinoa y saltéela durante 2 minutos.

**2** Retire las semillas a los jitomates y córtelos en cubos. Pele el pepino y córtelo en cubos.

**3** Mezcle en una ensaladera la quinoa con los cubos de jitomate y de pepino, añada el vinagre balsámico y el aceite de oliva restante, salpimiente al gusto y deje reposar durante 5 minutos.

**4** Pique el perejil y añádalo a la ensalada de quinoa antes de servirla.

### CONSEJO

*Puede sustituir el jitomate con jitomates cherry partidos en cuartos.*

# Camembert caliente
# CON FRUTOS SECOS

1 QUESO CAMEMBERT

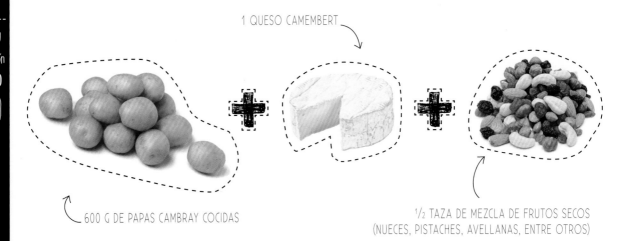

600 G DE PAPAS CAMBRAY COCIDAS

½ TAZA DE MEZCLA DE FRUTOS SECOS
(NUECES, PISTACHES, AVELLANAS, ENTRE OTROS)

## ADEMÁS...

+ 2 CUCHARAS DE MIEL DE ABEJA

+ SAL Y PIMIENTA AL GUSTO

## PROCEDIMIENTO

**1** Precaliente el horno a 180 °C.

**2** Retire la costra superior del queso camembert. Cubra un molde para pastel, o un aro un poco más grande que el diámetro del queso, con un trozo de papel siliconado que sobresalga de los bordes.

**3** Coloque el queso dentro del molde con el lado de la costra hacia abajo, báñelo con la miel de abeja  y hornéelo durante 10 minutos.

**4** Añada encima la mezcla de frutos secos y continúe el horneado entre 5 y 10 minutos más; el queso deberá estar suave pero no completamente derretido.

**5** Sirva el queso caliente acompañado de las papas cambray; salpimiente al gusto.

# Gratín de papa
## Y QUESO

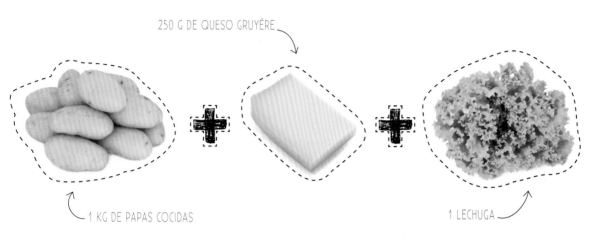

250 G DE QUESO GRUYÈRE

1 KG DE PAPAS COCIDAS

1 LECHUGA

## ADEMÁS...

+ 250 ML DE CREMA PARA BATIR

+ 3 DIENTES DE AJO PICADOS

+ NUEZ MOSCADA MOLIDA, AL GUSTO

+ VINAGRETA DE SU ELECCIÓN, AL GUSTO

+ SAL Y PIMIENTA AL GUSTO

## PROCEDIMIENTO

**1** Precaliente el horno a 200 °C. Pele las papas y córtelas en rodajas delgadas. Corte el queso en láminas con un pelapapas.

**2** Cubra el fondo de un refractario con un poco de crema para batir, distribuya encima el ajo picado y espolvoree nuez moscada, sal y pimienta al gusto. Acomode encima una capa de rodajas de papa y una de láminas de queso. Repita este procedimiento hasta terminar con todos los ingredientes; la capa superior deberá ser de queso.

**3** Hornee la preparación durante 45 minutos o hasta que la superficie se dore.

**4** Deshoje y trocee la lechuga; mézclala con vinagreta y sírvala acompañando el gratín de papa y queso.

# Budín
# **DE PAN**

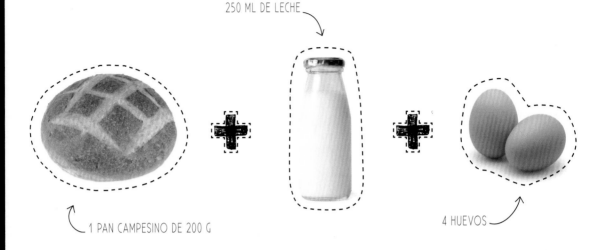

250 ML DE LECHE

1 PAN CAMPESINO DE 200 G

4 HUEVOS

## ADEMÁS...

+ 80 G DE MANTEQUILLA
+ 1 CUCHARADITA DE EXTRACTO DE VAINILLA
+ 100 G DE AZÚCAR

## **PROCEDIMIENTO**

**1** Precaliente el horno a 200 °C.

**2** Corte el pan en cubos de 2 centímetros y distribúyalos en la base de un refractario o en un recipiente para hornear.

**3** Ponga sobre el fuego una olla con la leche y la mantequilla; cuando esta última se derrita, retire la preparación del fuego e incorpórele el extracto de vainilla.

**4** Bata en un tazón los huevos con el azúcar durante 2 minutos; incorpórelos, batiendo constantemente, a la mezcla de leche y mantequilla.

**5** Vierta la preparación sobre los cubos de pan y hornee durante 40 minutos. Sirva el budín de pan caliente o tibio.

# Brochetas
# DE FRUTAS

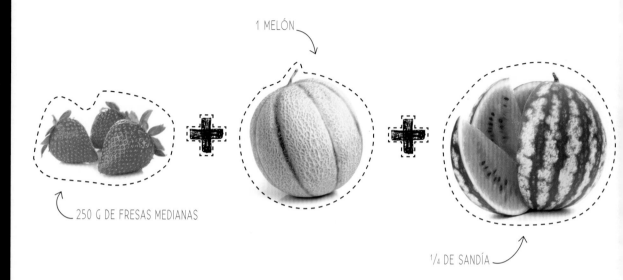

1 MELÓN

250 G DE FRESAS MEDIANAS

¼ DE SANDÍA

## ADEMÁS...

+ HOJAS DE MENTA AL GUSTO

## PROCEDIMIENTO

**1** Pele el melón y la sandía, retíreles las semillas y córtelos en cubos.

**2** Introduzca en brochetas de madera, de forma alternada, los cubos de melón y sandía, así como las fresas y hojas de menta. Sirva.

# Sopa de
# FRUTOS ROJOS

800 G DE MEZCLA DE FRUTOS ROJOS

LAS HOJAS DE 4 RAMAS DE MENTA

200 ML DE VINO ROSADO

## ADEMÁS...

+ 50 G DE AZÚCAR

## PROCEDIMIENTO

**1** Ponga sobre el fuego una olla con el vino rosado y el azúcar, y deje hervir la preparación durante 5 minutos. Retírela del fuego.

**2** Coloque los frutos rojos en un tazón. Pique las hojas de menta y mézclelas con las frutas.

**3** Vierta el vino caliente sobre las frutas y deje enfriar la sopa antes de servirla.

## CONSEJO

Sirva la sopa de frutos rojos acompañada con un poco de queso fresco rallado, ricotta o cottage.

# Pastelitos de ricotta
## Y NARANJA

250 G DE QUESO RICOTTA

3 HUEVOS

LA RALLADURA Y EL JUGO DE 1 NARANJA

## ADEMÁS...

+ 60 G DE AZÚCAR

## PROCEDIMIENTO

**1** Precaliente el horno a 180 °C.

**2** Bata en un tazón los huevos con el azúcar. Agregue el queso ricotta y bata nuevamente durante 2 minutos. Finalmente, incorpore el jugo y la ralladura de naranja.

**3** Distribuya la mezcla en 4 moldes individuales para hornear. Hornee durante 20 minutos o hasta que la superficie de los pastelitos se dore. Sírvalos tibios o frios.

## VARIANTE

Sustituya la ralladura y el jugo de naranja por la ralladura y el jugo de 2 limones.

# Empanadas
# DE FRUTOS ROJOS

130 G DE MEZCLA DE FRUTOS ROJOS CONGELADOS

400 G DE PASTA HOJALDRE

175 G DE TOFU SUAVE

## ADEMÁS...

+ 2 CUCHARADAS DE AZÚCAR

## VARIANTE

Sustituya el tofu suave con la misma
cantidad de yogur griego natural.

## PROCEDIMIENTO

**1** Precaliente el horno a 220 °C. Enharine una mesa de trabajo y extienda la pasta hojaldre hasta obtener un grosor
de 1 centímetro. Córtela en 4 círculos de 15 centímetros de
diámetro.

**2** Mezcle en un tazón las frutas congeladas con el tofu y
el azúcar.

**3** Distribuya la mezcla de frutas en la mitad de cada círcu-
lo de pasta. Humedezca el borde de los círculos con un
poco de agua y dóblelos por la mitad sobre sí mismos; presione las orillas con un tenedor para cerrar las empanadas.
Colóquelas sobre una charola antiadherente para hornear, y
hornéelas durante 20 minutos o hasta que estén doradas.
Sírvalas tibias o frías.

# Manzanas
# HORNEADAS

8 CUCHARADAS DE MERMELADA DE FRUTOS ROJOS

4 MANZANAS

1 RECETA DE PASTA QUEBRADA,
EXTENDIDA (VER PÁG. 102)

## ADEMÁS...

+ AZÚCAR AL GUSTO

+ CANTIDAD SUFICIENTE
  DE MANTEQUILLA

## PROCEDIMIENTO

**1** Precaliente el horno a 210 °C.

**2** Descorazone las manzanas, pélelas y rellénelas con la mermelada.

**3** Corte la pasta quebrada en 4 cuadros, coloque sobre cada uno una manzana rellena y espolvoréelas con azúcar al gusto. Envuelva las manzanas con la masa, uniendo las cuatro orillas de los cuadros de masa en la parte superior de cada una.

**4** Engrase un refractario con mantequilla, coloque en él las manzanas envueltas y hornéelas durante 30 minutos.

### CONSEJO

Sirva las manzanas tibias acompañadas con una bola de helado de vainilla o de caramelo.

# Tarta de calabaza
## Y ESPECIAS

300 G DE PURÉ DE CALABAZA DE CASTILLA

1 RECETA DE PASTA *SABLÉE*, EXTENDIDA (VER PÁG. 102)

120 G DE QUESO CREMA UNTABLE

## ADEMÁS...

+ 2 HUEVOS

+ 100 G DE AZÚCAR

+ 1 CUCHARADA DE POLVO DE CINCO ESPECIAS

## PROCEDIMIENTO

**1** Precaliente el horno a 220 °C. Cubra con papel siliconado un molde para tarta y fórrelo con la pasta *sablée*.

**2** Bata los huevos con el azúcar hasta que esta última se disuelva casi por completo; incorpore el queso crema, el puré de calabaza y las especias, y mezcle hasta obtener una preparación homogénea.

**3** Vierta la preparación en el molde, sobre la pasta, y hornéela durante 30 minutos. Sirva la tarta tibia o fría.

### CONSEJO

Para preparar su propia mezcla de polvo de cinco especias, combine las siguientes especias molidas: 2 cucharadas de anís estrella, 1 cucharada de semillas de hinojo, 1 cucharadita de pimienta de Sichuan, 1 cucharadita de canela y ¼ de cucharadita de clavo.

Modo y
tiempo
de cocción

00:05

# Copas de chocolate
## Y MARACUYÁ

100 G DE CHOCOLATE CON LECHE
Y ALMENDRAS

75 G DE PULPA DE MARACUYÁ
SIN SEMILLAS

200 G DE SOLETAS
TROCEADAS

## ADEMÁS...

+ 30 G DE AZÚCAR

+ 75 G DE PULPA DE MANGO

+ 25 G DE MANTEQUILLA

+ 100 ML DE CREMA PARA BATIR

+ 30 G DE AZÚCAR GLASS

## PROCEDIMIENTO

**1** Ponga sobre el fuego una olla con el azúcar y las pulpas de maracuyá y de mango; mezcle durante 5 minutos o hasta que la preparación se espese.

**2** Derrita el chocolate con la mantequilla en el microondas; mezcle bien y déjelo enfriar.

**3** Bata la crema para batir con el azúcar glass hasta que forme picos firmes e incorpórela a la mezcla de chocolate y mantequilla.

**4** Distribuya de forma alternada en 4 vasos para postre los trozos de soletas, la crema de chocolate y la salsa de maracuyá y mango.

**5** Conserve las copas en refrigeración hasta el momento de servirlas.

# Peras
# AL JENGIBRE

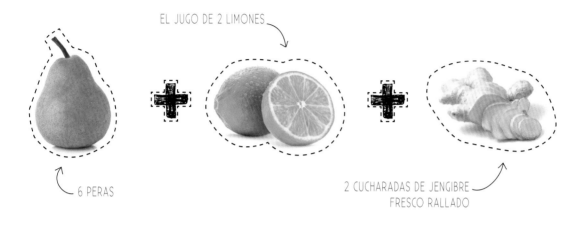

EL JUGO DE 2 LIMONES

6 PERAS

2 CUCHARADAS DE JENGIBRE
FRESCO RALLADO

## ADEMÁS...

+ 400 G DE AZÚCAR

## PROCEDIMIENTO

**1** Ponga sobre el fuego una cacerola con 2 litros de agua, el azúcar y el jengibre; deje hervir durante 30 minutos. Retire la cacerola del fuego, tápela y deje enfriar el jarabe.

**2** Pele las peras, córtelas en cuartos y retíreles las semillas.

**3** Ponga nuevamente la cacerola sobre el fuego y añada al jarabe los trozos de pera y el jugo de limón; cuando la preparación hierva, baje el fuego y continúe la cocción durante 30 minutos.

**4** Sirvas las peras calientes o frías bañadas con un poco del jarabe de jengibre.

# Smoothie
# DE DURAZNO

125 G DE YOGUR GRIEGO NATURAL SIN AZÚCAR

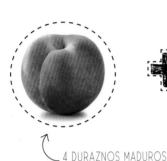    

4 DURAZNOS MADUROS

1 CUCHARADA DE MIEL DE ABEJA

## ADEMÁS...

+ AZÚCAR AL GUSTO

+ FRUTOS ROJOS AL GUSTO

## PROCEDIMIENTO

**1** Pele los duraznos, retíreles la semilla y córtelos en trozos.

**2** Licue los trozos de durazno con el yogur natural y la miel de abeja; deberá obtener una mezcla homogénea y tersa.

**3** Coloque azúcar en un tazón y ruede en ella los frutos rojos hasta cubrirlos.

**4** Sirva el *smoothie* en 4 vasos y decórelos con los frutos rojos cubiertos con azúcar.

 VARIANTE

Sustituya los duraznos por 3 plátanos
y siga el mismo procedimiento.

## PASTA QUEBRADA

+ 125 G DE MANTEQUILLA A TEMPERATURA AMBIENTE
+ 1 PIZCA DE SAL
+ 250 G DE HARINA DE TRIGO
+ 1 YEMA
+ CANTIDAD SUFICIENTE DE AGUA

**PROCEDIMIENTO**

1 Acreme en una batidora eléctrica la mantequilla con la sal. Añádale la harina de trigo, sin dejar de batir, hasta obtener una consistencia arenosa. Finalmente, agregue poco a poco la yema y mezcle hasta obtener una masa; si ésta está muy quebradiza, agregue un poco de agua y mézclela, pero sin trabajarla demasiado.

2 Forme una esfera con la masa, presiónela hasta obtener un disco grueso e introdúzcalo en una bolsa de plástico. Refrigérela durante 2 horas como mínimo o toda una noche.

3 Enharine ligeramente una mesa de trabajo, coloque encima la masa y extiéndala con un rodillo hasta que obtenga un grosor de ½ centímetro. Posteriormente utilícela como indique la receta.

## PASTA SABLÉE

+ 100 G DE MANTEQUILLA A TEMPERATURA AMBIENTE
+ 25 G DE AZÚCAR
+ 50 G DE AZÚCAR GLASS
+ 25 G DE ALMENDRA EN POLVO
+ 1 PIZCA DE SAL
+ 1 HUEVO BATIDO
+ 185 G DE HARINA DE TRIGO

**PROCEDIMIENTO**

1 Acreme en una batidora eléctrica la mantequilla con el azúcar hasta que esta última se disuelva casi por completo. Agregue el azúcar glass, la almendra en polvo y la sal y mezcle bien. Sin dejar de batir, añada poco a poco el huevo batido y, posteriormente, la harina de trigo; bata hasta obtener una masa pero sin trabajarla demasiado.

2 Forme una esfera con la masa, presiónela hasta obtener un disco grueso e introdúzcalo en una bolsa de plástico. Refrigérela mínimo durante 2 horas o durante toda una noche.

3 Enharine ligeramente una mesa de trabajo, coloque encima la masa y extiéndala con un rodillo hasta que obtenga un grosor de ½ centímetro. Posteriormente utilícela como indique la receta.

## TAPENADE DE ACEITUNAS NEGRAS

+ 100 G DE ACEITUNAS NEGRAS, SIN SEMILLA
+ ½ DIENTE DE AJO
+ 1 CUCHARADITA DE ALCAPARRAS
+ 1 FILETE DE ANCHOA
+ 60 ML DE ACEITE DE OLIVA

**PROCEDIMIENTO**

1 Muela en un procesador de alimentos o con una licuadora de inmersión las aceitunas, el ajo, las alcaparras y las anchoas hasta que obtenga una pasta grumosa.

2 Con el procesador encendido, vierta poco a poco el aceite de oliva y continúe procesando hasta que la pasta adquiera una consistencia homogénea y tersa. Posteriormente utilícela como indique la receta; conserve el tapenade restante en refrigeración.

# Índice DE INGREDIENTES Y RECETAS

# Índice DE INGREDIENTES Y RECETAS (continuación)

## EDICIÓN ORIGINAL

**Dirección de la publicación:** Isabelle Jeuge-Maynart
   y Ghislaine Stora
**Dirección editorial:** Agnès Busière
**Edición:** Julie Mège y Alice Dauphin
**Fotografía:** Fabrice Besse
**Fotografía complementaria:** © Thinkstock © Shutterstock
   © Larousse

## EDICIÓN EN ESPAÑOL

**Dirección editorial:** Tomás García Cerezo
**Editora responsable:** Verónica Rico Mar
**Coordinador de contenidos:** Gustavo Romero Ramírez
**Traducción:** Ediciones Larousse S.A. de C.V., con la
   colaboración de Montserrat Estremo Paredes
**Revisión ortotipográfica:** Evelín Ferrer Rivera
**Formación:** Visión Tipográfica Editores, S.A. de C.V. /
   Rossana Treviño
**Fotografía complementaria:** Alex Vera Fotogastronómica®
**Portada:** Ediciones Larousse, S.A. de C.V., con
   la colaboración de Nice Montaño Kunze

Título original: *Petites recettes du soir*
ISBN 978-2-03-591442-2
Copyright © 2015 Larousse

©2017 Ediciones Larousse, S.A. de C.V.
Renacimiento #180, Colonia San Juan Tlihuaca, Delegación Azcapotzalco,
C.P. 02400, Ciudad de México, México.

ISBN 978-607-21-1633-7
Primera edición, 2017

Impreso en los talleres de Impresora y Editora Infagón, S.A. de C.V.
Escobillería N. 3, Col Paseos de Chururbusco, Del. Iztapalapa, Ciudad de México.